48
Lb. 1110.

LA DOCTRINE
DES ULTRA-ROYALISTES

RÉFUTÉE

Par Mme DE STAEL;

ou

NOUVELLE RÉPONSE

A LA NOTE SECRÈTE EXPOSANT LES PRÉTEXTES
ET LE BUT DE LA DERNIÈRE CONSPIRATION.

PARIS,

CHEZ BAUDOUIN, FRÈRES,
RUE DE VAUGIRARD, N. 36, PRÈS LA CHAMBRE DES PAIRS;
DELAUNAY, Libraire, Palais-Royal.

20 AOUT 1818.

On trouve à la Librairie constitutionnelle de Baudouin frères :

1º. *Esprit de la Note secrète*, ou *Réponse aux remarques de M. le vicomte de Chateaubriand* : Prix 1 fr. et 1 fr. 25 c. par la poste.

2º. *Réponse aux ultra-royalistes*, ou *Réfutation de la Note secrète* : Prix 1 f. 50 c. et 1 f. 75 c. par la poste.

3º. *Quelques mots sur la proclamation de M. le vicomte de Chateaubriand* : Prix 40 c. et par la poste 50 c.

LA DOCTRINE
DES ULTRA-ROYALISTES

RÉFUTÉE

Par Mme. DE STAËL;

ou

NOUVELLE RÉPONSE

A LA NOTE SECRÈTE EXPOSANT LES PRÉTEXTES ET LE BUT DE LA DERNIÈRE CONSPIRATION.

Mon premier mouvement, à la lecture de la *Note secrète*, a été l'indignation contre ses auteurs. J'ai senti le besoin de soulager mon ame, de réfuter des sophismes, des calomnies ou des blasphèmes qui m'avaient révolté. J'ai saisi la plume, et j'ai rapidement exposé, à côté de chaque passage, les sentimens qu'il m'inspirait.

Quoique mon témoignage intérieur m'assure que toutes mes lignes sont dictées par un amour sincère de ma patrie, par un désir profond de sa tranquillité et de son bonheur, par un attachement franc et loyal à cette cause de la monarchie constitutionnelle qui comprend tous les intérêts de la France et du Roi ; je sais, par une triste expérience, que les intentions les plus pures ne suffisent pas toujours pour mettre à l'abri des interprétations les plus fausses, les plus malveillantes, les plus injustes. Je placerai donc à l'appui de ma réfutation, comme une sorte d'avant-garde et d'artillerie légère destinée à la protéger, des maximes politiques tirées du dernier ouvrage de madame de Staël *sur la révolution française*, qui renferment elles-mêmes les réponses les plus éloquentes et les plus précises à la doctrine des ultra-royalistes.

Cette production distinguée, reconnue à certains égards comme classique pour la circonstance dans laquelle se trouvent la France et l'Europe, noble testament d'une femme d'un génie supérieur, dont les hautes pensées et les généreuses inspirations doivent faire excuser quelques erreurs où l'ont sans doute entraînée son imagination brillante et mobile, sa sensibilité profonde, ses habitudes sociales, ses affections personnelles, même son enthousiasme passionné pour ce qui est grand, bon et utile à l'humanité, me fournira les principales bases de ma réponse aux détracteurs de la France.

Je m'appuie avec confiance sur une autorité respectable à laquelle tous les partis viennent de rendre hommage. Car, la vérité a besoin de noms imposans pour être accueillie ou même tolérée : on accorde quelquefois à ceux qui reposent dans la tombe une indulgence plus facile, une considération moins contestée et moins enviée, qu'à ceux qui sont encore ballottés par les flots des passions humaines, au milieu de l'océan de la vie.

Chacun des passages de ma réfutation se trouve être

un commentaire, un développement, une application des principes politiques établis par madame de Staël. On me pardonnera de reproduire après elle des vérités que sa plume indépendante a consacrées. Et moi, j'aimerai à payer encore un tribut à la mémoire de celle dont j'ai honoré le caractère, les talens et le malheur, quand une haine active et puissante lui avait interdit le sol de sa patrie.

1. « Il faut, dit madame de Staël, (surtout dans un temps de révolution) juger les actions et les écrits, d'après leur date (a) ». — C'est au moment où *l'occupation étrangère* pèse sur la France, que d'indignes Français sollicitent l'*influence étrangère* pour faire changer le système du gouvernement au gré de leurs passions et de leurs intérêts.

« Comment osent-ils, suivant l'expression de M. Chateaubriand, *mettre leurs opinions sous la protection des baïonnettes européennes ?*.... — Qui aurait jamais imaginé, dit encore le noble pair, que des Français..... iraient jusqu'à s'appuyer sur des autorités autres que celles de la patrie, jusqu'à menacer ceux qui ne pensent pas comme eux, de forces, qui, grâce au ciel, ne sont pas entre leurs mains?.... (b) ».

2. « Il y a des devoirs inflexibles, en politique comme en morale; et le premier de tous, c'est de ne jamais livrer son pays aux étrangers; lors même qu'ils s'of-

---

(a) CONSIDÉRATIONS SUR LES PRINCIPAUX ÉVÉNEMENS DE LA RÉVOLUTION FRANÇAISE, par Madame de Staël. — Tom. I, pag. 42.

(b) REMARQUES SUR LES AFFAIRES DU MOMENT, (31 juillet 1818), par M. le vicomte de Chateaubriand, page 34.

frent pour appuyer avec leurs armées le systême qu'on croit le meilleur (a). » — Cette maxime est la condamnation la plus formelle des ultrà-royalistes, implorant l'appui des cours alliées contre le gouvernement de leur Roi.

3. « Dans quelque situation que ce soit, le devoir d'un citoyen est de défendre l'indépendance de la patrie (b). » — Que penser des hommes qui cherchent à en trafiquer, comme d'un objet négociable? ils se disent Français ; et par calcul personnel, pour acquérir, à la faveur de l'influence étrangère, une certaine importance dans leur pays, ils voudraient soumettre leur nation au joug étranger, prolonger pour elle le passage des *fourches caudines*, détruire, s'ils le pouvaient, dans le cœur de ses citoyens, «la fierté nationale, cette grande force de l'humanité (c)? »

4. « Chaque pays doit se défendre de l'influence des étrangers (d). »—Et quelques hommes, parmi nous, osent la solliciter, comme une faveur, comme une garantie, comme un moyen de forcer leur roi à les placer, eux et leurs amis, dans les premiers emplois de l'administration. Ces hommes sont désormais jugés par la France et par l'Europe.

5. « Les Anglais eurent l'insigne bonheur de n'avoir ni provoqué les étrangers, ni réclamé leur secours (e)». — Quant à nous, Français, notre bonheur sera de pro-

---

(a) Tom. II, pag. 3.
(b) Tom. III, pag. 147.
(c) Tom. II, pag. 410.
(d) Tom. III, pag. 292.
(e) Tom. III, pag. 177.

fiter des leçons de l'adversité, sans être abattus ni dégradés par ses épreuves. Nous saurons offrir aux étrangers les nobles exemples d'une civilisation perfectionnée, en opposant au pouvoir de leurs armes victorieuses, l'influence plus puissante, plus salutaire, plus paisible de nos mœurs et de nos lois.

6. « L'immoralité en tout genre est aussi un emprunt à usure; elle sauve pour le moment, et ruine plus tard (a) ». — C'est un acte profond d'immoralité, que de vouloir subordonner le gouvernement de son pays à l'action directe des cabinets étrangers.

7. « Pasquier disait que la royauté était une des formes de la *république* ; entendant par ce mot le *gouvernement qui avait pour but le bien public* (b) ».—Aux yeux des prétendus royalistes purs, auteurs de la *Note secrète*, gouverner d'après les principes de la Charte; c'est *faire de la république* (1). Ils manifestent partout des sentimens haineux contre les *hommes de la révolution*, qu'ils déclarent incapables de *faire de la monarchie constitutionnelle* (2). Et cependant, les *hommes de la révolution*, qui forment, à proprement parler, toute la population française, moins une imperceptible minorité, bornent tous leurs vœux à demander, à conserver, à consolider cette forme de gouvernement.

8. «Les partisans de l'arbitraire nommaient opinions *anti-sociales*, celles qui tendent à relever la dignité

(a) Tom. II, pag. 319.
(b) Tom. I, 139.
(1) NOTE SECRÈTE, pag. 45.
(2) NOTE SECRÈTE, pag. 46.

des nations (a) ». — On signale, dans la *note*, comme doctrines *révolutionnaires* (1), les *opinions constitutionnelles*, professées à la tribune des chambres par les ministres du roi.

9. « Les lumières philosophiques, c'est-à-dire, l'appréciation des choses, d'après la raison, et non d'après

---

(a) Tom. II, pag. 304.

(1) Les ultra-royalistes, pour lesquels la révolution, ou la réforme des abus de l'ancien régime, est la tête de Méduse, prennent toujours les mots révolution et révolutionnaire, dans un sens odieux. Nous devons signaler ici une application entièrement fausse des mêmes expressions, reproduite dans le titre et dans la plupart des chapitres d'un ouvrage écrit néanmoins par un homme très-libéral et avec des intentions très-favorables aux principes constitutionnels que la révolution a fait triompher. Nous voulons parler de l'histoire de l'esprit révolutionnaire (ou plutôt séditieux et anarchique) des nobles en France, commentaire politique sur nos annales, qui est semé d'aperçus fins et judicieux, d'événemens publics et d'anecdotes particulières propres à révéler l'esprit héréditaire de l'ancienne noblesse française, également contraire à l'établissement du pouvoir régulier des rois et à la liberté du peuple.

Cet esprit d'orgueil, d'égoïsme, d'ambition et de faction, d'indiscipline anarchique, ennemi de l'ordre et des lois, séditieux et perturbateur, n'est point du tout l'esprit de patriotisme, de dévouement, de réforme, d'amélioration sociale et politique, de liberté constitutionnelle, d'indépendance nationale, qui a caractérisé les principaux chefs révolutionnaires, en Suisse, en Hollande, en Angleterre, en Amérique, Guillaume Tell, Barneveldt, Jean de Wit, Sidney, Ludlow, Washington, Franklin, Jefferson; et en France, MM. La Fayette, Lanjuinais et les hommes purs et éclairés de notre révolution. Le mot révolution n'est point synonime du mot révolte, mais du mot réformation ou changement. L'esprit de rapine et de brigandage, de désordre, d'anarchie et de

les habitudes... (a) ». — Et les rédacteurs anonymes de *l'aperçu de la situation de la France, adressé aux cours alliées* (b), qui avouent ingénuement leur haine contre la philosophie et les lumières, n'apprécient les choses que d'après leurs *antécédens*, leurs *habitudes*, leurs préjugés, leurs vues étroites et personnelles.

10. « La littérature ne peut rien produire de grand, sans la liberté... L'art d'écrire en prose, inséparable de la pensée, embrasse nécessairement toute la sphère philosophique des idées... (c). Il faut des accens de vérité pour être éloquent (d) ». — Le dernier ouvrage de madame de Staël est lui-même un beau monument qui atteste et consacre ces vérités. J'aime à rappeler ce nom respectable de *magistrats de la pensée*, décerné

---

barbarie, et l'esprit révolutionnaire, ou d'amélioration et de réforme, n'ont d'analogie et d'identité que dans le langage des ultra-royalistes, ennemis prononcés de la révolution, qui calomnient ses principes et ses partisans.

Il était nécessaire de fixer l'attention sur ce contre-sens déplorable, sur cette injuste manie, qui font souvent associer le mot RÉVOLUTIONNAIRE à tout ce qui est atroce, aux égorgemens et à tous les genres d'excès et de crimes. C'est aux révolutions de Suisse, d'Allemagne, de Hollande, d'Angleterre, d'Amérique, de France, qui ont donné des bases plus solides et une organisation plus régulière aux gouvernemens de ces divers pays, et qui ont exercé une influence salutaire sur les autres contrées de l'Europe, que la civilisation européenne doit son origine, son développement et ses progrès.

(a) Tom. I, pag. 112.

(b) C'est le titre de la NOTE SECRÈTE.

(c) Tom. II, pag. 376.

(d) Tom. II, pag. 378.

par elle aux écrivains philosophes qui se placent en présence de la postérité.

11. « Les priviléges ne sont sacrés, que lorsqu'ils servent au bien de l'État (a) ». — Les auteurs de la *Note* parlent des *droits de la couronne*, en même temps qu'ils implorent l'appui des étrangers pour attenter à ces droits; ils parlent des *priviléges acquis par les peuples* (1), et s'efforcent de les détruire par leurs intrigues. Dans leur langage, les priviléges sont des droits, et les droits sont des priviléges. Nous aussi, nous admettons les *droits* sacrés de la monarchie constitutionnelle, mais sans flétrir du nom de *priviléges* les droits non moins respectables des nations.

12. « La plus indigne de toutes les flatteries, celle qui livre les droits des nations au bon plaisir des souverains (ou plutôt aux intrigues des courtisans), se manifesta de toutes parts (b)... » — On retrouve, dans la *note secrète*, ce même genre de flatterie, qui sert de voile aux prétentions orgueilleuses de l'ancienne aristocratie nobiliaire, ennemie d'autant plus dangereuse du trône, qu'elle compromet les intérêts de la monarchie en paraissant la défendre.

13. « Le trône ne peut être solidement appuyé de nos jours, que sur le pouvoir de la loi (c). » — Et dans la *Note secrète*, on croit pouvoir l'affirmer par les an-

---

(a) Tom. I, pag. 196.
(1) Note secrète, pag. 29 et 48.
(b) Tom. III, pag. 179.
(c) Tom. I, pag. 223.

ciennes doctrines monarchiques, c'est-à-dire, celles du pouvoir absolu.

14. « Une monarchie, sagement limitée, n'est que l'image d'un honnête homme, dans l'ame duquel la conscience préside toujours à l'action(a)...Tout homme chargé de commander aux autres, s'il n'est pas soumis lui-même à la loi, n'obéit qu'à ses passions (b). » — Plus un prince est éclairé, plus il sent qu'un pouvoir illimité l'exposerait à devenir l'esclave de ses propres passions, ou le jouet et la victime des flatteries et des intrigues de ses courtisans. Mais, s'il devient le centre et le chef d'un gouvernement régulier, en communication habituelle avec la nation par les discussions publiques des chambres législatives et par la liberté de la presse; alors, sa puissance, plus réelle et mieux affermie, trouve des garanties dans les limites même qui lui sont données. La monarchie constitutionnelle est donc favorable au pouvoir du Roi, comme à la liberté du peuple. Elle ne peut trouver d'opposans que dans les castes et dans les individus autrefois privilégiés qui voudraient encore soumettre le monarque et ses conseils à leur influence. — « .... Il faut que la stabilité des lois, sous un gouvernement représentatif, préserve une nation des changemens dans le système politique, inséparables du caractère de chaque roi, et encore plus de celui de chaque ministre (c). »

15. « La légitimité, telle qu'on l'a proclamée nou-

(a) Tom. I, pag. 180.
(b) Tom. III, pag. 294.
(c) Tom. I, pag. 45.

vellement, est tout-à-fait inséparable des limites constitutionnelles (a). » — Ceux qui invoquent toujours les *anciennes doctrines monarchiques*, opposées aux nouveaux *principes*, qu'ils appellent *révolutionnaires*, mettraient en péril, si l'autorité leur était confiée, la noble cause dont ils se proclament les défenseurs.

16. « Après de grandes commotions dans l'Etat, un souverain ne peut reprendre les rênes du gouvernement, qu'autant qu'il adopte sincèrement l'opinion dominante dans son pays (b) ». — Notre auguste monarque s'est assuré une gloire durable par l'adoption de cette opinion : pourquoi des hommes, qui se disent les soutiens du trône, voudraient-ils la repousser et la combattre comme ennemie ?

17. « Si le gouvernement d'un pays ne veut participer en rien à la marche des choses et des hommes, il sera nécessairement brisé par elle (c). » — Tel est pourtant le système de gouvernement que proposent, avec une présomption orgueilleuse, les nouveaux candidats au ministère.

18. « Sans la nation, on ne peut rien, et avec elle on peut tout, excepté ce qui tend à l'avilir elle-même : les baïonnettes servent seules à ce triste but (d). » — Pourquoi nos adversaires, se confiant à la bonté de leur cause, ne préfèrent-ils pas l'artillerie légitime de la presse aux baïonnettes étrangères, pour faire valoir leurs principes et se concilier l'opinion nationale ?

(a) Tom. III, pag. 5.
(b) Tom. III, pag. 25.
(c) Tom. III, pag. 7.
(d) Tom. III, pag 8.

19. « La France ne peut se relever qu'à l'aide d'un gouvernement constitutionnel soutenu par l'assentiment de la nation (a). » — Ce gouvernement existe. Il faut le consolider par une adoption franche et entière de ses principes.

20. « Une monarchie constitutionnelle est le seul moyen, et tout-à-fait le seul, d'assurer à la France une prospérité durable (b) ». — Nous avons obtenu ce bienfait de la sagesse du Roi : quiconque veut en altérer la pureté, se déclare l'ennemi du Roi et de la France.

21. « La nation souhaitait ce qu'elle souhaitera toujours, le maintien des principes constitutionnels (c) ». — Ce vœu légitime sera satisfait; il est placé sous la sauve-garde de la parole royale. — « On a beau parler avec dédain du caractère français; il veut énergiquement ce qu'il veut (d). »

22. « Je ne crois pas qu'il y ait dans l'histoire l'exemple d'une volonté de nation qui n'ait pas été accomplie. Les institutions d'un pays, toutes les fois qu'elles sont au-dessous des lumières qui y sont répandues, tendent nécessairement à s'élever au même niveau (e) »... — « De quelle manière peut-on étouffer ce qui anime maintenant tous les pays éclairés, la connaissance libre et réfléchie des intérêts et des droits de

---

(a) Tom. III, pag. 25.
(b) Tom. II, pag. 348.
(c) Tom. II, pag. 40.
(d) Tom. I, pag. 48.
(e) Tom. III, pag. 160.

tous (a) ? » — Cette connaissance libre et réfléchie importune les hommes qui déplorent ouvertement les *progrès toujours croissans des lumières*, auxquels notre auguste monarque s'est plu à rendre un noble et pur hommage, dans le préambule de la Charte constitutionnelle.

23. « Peut-il exister des hommes auxquels la sécurité, l'émulation, le développement paisible de leur industrie, et la jouissance non troublée des fruits de leurs travaux ne conviennent pas ? (b) » — Ici, je ne récuserais point l'opinion même des adversaires que je dois combattre. — « Nous avons certainement pour nous la raison de tous les temps ; ce qui ne laisse pas d'être une légitimité comme une autre (c).

24. « Les malheurs de la révolution sont résultés de la résistance irréfléchie des privilégiés à ce que voulaient la raison et la force ; cette question est encore débattue, après vingt-sept années. Les dangers de la lutte sont moins grands, parce que les partis sont plus affaiblis ; mais l'issue en serait la même (d). » — Ecoutez cette leçon ; puisse cet avis prophétique vous garantir des nouveaux dangers où vous entraînent vos imprudentes fureurs !

25. « Le véritable parti du Roi doit être l'immense majorité de la nation qui veut une constitution représentative (e). » — Et les ultra-royalistes, qui, déplo-

---

(a) Tom. II, pag. 7.
(b) Tom. III, pag. 162.
(c) Tom. III, pag. 75.
(d) Tom. II, pag. 322.
(e) Tom. III, pag. 81.

rant *le triomphe de la révolution* ou *de ses principes*, attaquent l'essence et les bases du gouvernement représentatif, même en lui prêtant foi et hommage, veulent faire confier les rênes de ce gouvernement à *ceux qui, par leurs antécédens, par tous les sentimens de leur ame et de leur conviction, ne pourraient avoir d'autre intérêt, d'autre avenir, d'autre abri que celui du trône reconstruit* (1). « On a voulu, selon eux, appuyer le trône sur ceux qui avaient été opposés à son établissement. Ce calcul a paru le plus habile, parce qu'il était le moins avoué par la raison et le bon sens... Enfin, toute cette sagesse des hommes a conduit à prendre les ouvriers les moins propres à l'ouvrage qu'on voulait leur confier. Imaginerait-on jamais de remettre à un zélé protestant la défense des dogmes catholiques? et croirait-on la religion en sécurité, si l'on choisissait des athées pour la soutenir? Il en est de même des opinions politiques (2). » — Les auteurs de la *Note*, dont les sentimens et les doctrines sont en opposition avec les principes constitutionnels, nous fournissent les raisonnemens les mieux fondés pour ne point confier le soin d'exécuter la Charte à des hommes qui la repoussent, et qui n'ont pas des *intérêts analogues au système qu'on veut établir* (3). Ils se récusent eux-mêmes; ils se sont blessés mortellement par leurs propres armes.

26. « La force morale du gouvernement représentatif est toute entière dans l'action de l'esprit public

---

(1) Note secrète, pag. 45.
(2) Idem, pag. 45.
(3) Idem, pag. 24.

par la liberté de la presse. (a) ». — Que le gouvernement n'hésite pas à se confier à cette liberté bienfaisante : il se fortifiera lui-même de toute la force de l'opinion ; le palais des rois sera facilement accessible à la vérité ; la voix des courtisans n'étouffera point celle du peuple ; les abus, qui sont les plus dangereux ennemis du trône, pourront être prévenus ou réprimés.

Mais, la *Note secrète* déplore *l'habitude qu'a prise la population de s'intéresser aux actions du gouvernement, de les discuter, de les juger* (1) ; comme si cette habitude même n'était pas le principe et la source de l'esprit public, du patriotisme, de l'obéissance aux lois, du dévouement au prince et à la patrie !

27. « La liberté et le bonheur que donne cette liberté peuvent seuls inspirer un véritable patriotisme (b). »

28. « Si la liberté de la presse avait existé en France, j'ose affirmer que Bonaparte ne serait pas revenu (c). » — Cette liberté, si redoutée, est le flambeau, la boussole sûre, la garde fidèle, le conseiller désintéressé des gouvernemens.

29. « Les citoyens d'un État libre ont une si grande portion de bon-sens et de conscience, qu'avec ces deux flambeaux ils ne s'égarent jamais... Ce sont les gouvernemens arbitraires qui dépravent les nations... Le

---

(a) Tom. I, pag. 292.

(1) NOTE SECRÈTE, pag. 26.

(b) Tom. III, pag. 239.

(c) Tom. III, pag. 116.

pouvoir déprave presque toujours ceux qui le possèdent (a) ». — Si des habitudes serviles et des vices invétérés, produits nécessaires de l'ancienne forme de gouvernement, ont exercé leur influence sous le règne odieux de la terreur, et sous la verge de fer de Bonaparte, ces habitudes et ces vices ne tarderont pas à s'affaiblir et à disparaître sous un régime constitutionnel. Notre éducation politique, déjà commencée sous d'heureux auspices, promet, sous ce rapport, une amélioration progressive et rapide dans le caractère national qui se composera peu à peu de toutes les vertus propres aux nations libres. Alors disparaîtront également « l'ignorance dans la masse et l'indépendance la plus désordonnée dans les esprits distingués, qui sont toujours le résultat de la contrainte (b). »

30. « Tout ce qu'on peut laisser faire à la nation, sans qu'il en résulte aucun désordre, accroît les lumières, fortifie l'esprit public, et met plus d'accord entre le gouvernement et le peuple (c) ». — Et le système que nous combattons serait de rendre le peuple étranger à ses propres affaires, de soumettre la marche même du gouvernement à l'influence des autres cabinets de l'Europe !

31. « Il faut une force étrangère à la nation pour la comprimer sans cesse...... L'ordre social ainsi conçu serait le fléau du grand nombre, et la proie de quel-

---

(a) Tom. III, pages 212, 219 et 242.

(b) Tom. III, pag. 298.

(c) Tom. III, pag. 58.

ques-uns (a) ». — Tel est l'ordre social conçu et proposé dans la *Note secrète*.

32. « Une représentation nationale imparfaite n'est qu'un instrument de plus pour la tyrannie (b) ». — Les *ultra-royalistes* voudraient nous en offrir un fantôme ; les *constitutionnels* demandent la réalité du bienfait que la Charte a garanti.

33. « Le choix direct du peuple, soumis à une juste condition de propriété, est infiniment plus favorable à l'énergie des gouvernemens libres (c)... La première condition pour que le gouvernement représentatif marche, c'est que les élections soient libres (d)... Le mérite finira toujours par triompher dans les pays où le public est appelé à le désigner (e) ». — Nos adversaires, qui attaquent la *loi des élections* comme *révolutionnaire*, donnent la mesure de la confiance qu'on peut ajouter à leur profession de foi constitutionnelle. Ils osent néanmoins invoquer des *élections libres et à l'abri de toute influence* (1). Mais, cette liberté entière des élections, la voulez-vous de bonne foi, vous qui reprochez à notre législation actuelle, dans cette partie, un trop grand caractère de popularité, ou plutôt de *nationalité* ? Nous vous portons le défi dans des colléges électoraux, abandonnés à leur propre volonté,

---

(a) Tom. III, pages 18 et 19.
(b) Tom. I, pag. 291.
(c) Tom. III, pag. 422.
(d) Tom. III, pag. 340.
(e) Tom. III, pag. 235.
(1) NOTE SECRÈTE, pag. 43.

affranchis de toute influence étrangère. Nous saurons appliquer le conseil que vous nous donnez vous-mêmes, en refusant notre confiance aux nouveaux candidats qui la sollicitent, et dont la vie politique n'offre aucune garantie. *Cette confiance doit avoir des bases plus anciennes et plus profondes ; il faut qu'elle soit fondée sur le sentiment que les hommes choisis parmi nous ne sauraient abandonner les principes et les intérêts généraux qui unissent la masse nationale.* La nation ne reconnaît et n'avoue, pour ses députés fidèles, que les défenseurs de la Charte et du gouvernement représentatif dont le Roi est le chef.

34. « Le consentement libre des peuples peut seul donner aux institutions politiques une certaine beauté native et spontanée, une harmonie naturelle qui garantisse leur durée (a). » — Principe fondamental puisé dans une connaissance profonde du cœur humain! Ce consentement libre, caractère distinctif des lois constitutionnelles et consacré par notre Charte, est jugé incompatible avec les droits et la dignité de la couronne, par les *hommes* exclusivement *monarchiques*.

35. « Un des grands malheurs de ceux qui vivent dans les cours, c'est de ne pouvoir se faire une idée de ce que c'est qu'une nation (b). » — Les auteurs de la *Note* ne veulent voir « dans toute nation du monde, qu'une masse faible et incertaine, prête à obéir à la direction que lui imprime le gouvernement, mais qui ne ferait jamais rien pour le soutenir (1). »—Ils ne savent

---

(a) Tom. II, pag. 120.
(b) Tom. I, pag. 228.
(1) NOTE SECRÈTE, pag. 47.

pas concevoir la puissance morale des institutions sur une nation libre, ni l'influence d'une monarchie constitutionnelle et tempérée sur la dignité et sur le bonheur de cette nation, ni la force qu'elle peut donner à son gouvernement.

36. « Il n'y a de vraiment détruit que ce qui est remplacé (a). » — Et les royalistes exagérés ne veulent pas reconnaître avec franchise que la Charte *remplace* décidément les institutions détruites.

37. « La Charte constitutionnelle, en garantissant les bons principes de la révolution, est le palladium du trône et de la patrie (c). » — A cette Charte et à ses défenseurs, les auteurs de la *Note* substituent sans cesse leurs expressions favorites : les *principes* et les *hommes monarchiques*.

38. « La prospérité de la France repose sur les avantages que la masse de la nation a acquis, en 1789 (c) ». — Et une poignée d'hommes ose les lui disputer, en 1818!

39. « Deux seuls dangers pourraient anéantir toutes nos espérances : l'un, si le système constitutionnel n'était pas suivi par l'administration avec force et sincérité (d)..... » — Cette *force magique et naturelle de la parfaite sincérité* (e) pourrait-elle exister dans l'administration où vous voulez faire placer les *chefs naturels*

(a) Tom. I, pag. 327.
(b) Tom. III, pag. 21.
(c) Tom. III, pag. 22.
(d) Tom. III, pag. 48.
(e) Tom. III, pag. 70.

du parti (1), que vous prétendez être l'organe de l'opinion publique? Mais, vous-même, en protestant de votre respect pour les institutions nouvelles, vous combattez entièrement les *principes* et les *hommes de la révolution*, ou du nouvel ordre de choses, et vous attaquez, comme *révolutionnaires*, les opinions *constitutionnelles*. Vos circonlocutions obscures, vos contradictions manifestes peuvent-elles offrir aucune garantie d'une conduite franche et loyale?...«—Que pourrait un ministère, *constitutionnel* en apparence, et *contre-révolutionnaire* au fond (*d*)? » — Tel est celui néanmoins que certains hommes nous proposent comme un moyen de salut.

40. « Les *hommes habiles* sont ambitieux de convaincre ; les *hommes médiocres* n'aspirent qu'à commander (b).... Tous les *hommes médiocres* appellent volontiers les baïonnettes à leur secours contre les argumens de la raison..... Les *esprits supérieurs*, ne desirant que le développement de la pensée, savent combien la guerre y met d'obstacles (c). » — Tout homme impartial peut décider à laquelle de ces deux classes appartiennent nos publicistes anonymes.

41. « On doit juger les hommes publics, d'après ce qu'ils ont fait pour la prospérité, les lumières et la morale des nations (d). » — Quels titres auront à pro-

---

(1) Note secrète, pag. 43.

(a) Tom. III, pag. 80.

(b) Tom. II, pag. 102.

(c) Tom. I, pag. 286.

(d) Tom. II, pag. 419.

duire les auteurs de la *Note secrète*, pour être jugés par leurs contemporains ?

42. « Le sort des États doit être conduit par des hommes dont les principes soient invariables (a). » — Il faut d'abord que ces principes soient conformes à l'opinion dominante et aux besoins de la nation qu'il s'agit de gouverner.

43. « Il n'y a point, sur cette terre, de plus grandes épreuves pour la morale, que les emplois politiques (b). » — Nos modestes réformateurs veulent pousser le sacrifice d'eux-mêmes et leur dévouement pour la monarchie, jusqu'à soumettre leur moralité à cette difficile épreuve.

44. « ..... La seule manière de juger avec équité le caractère d'un homme, c'est d'examiner s'il n'y a point de calcul personnel dans sa conduite (c). » — Tout est *calcul personnel* dans la *Note secrète*.

45. « La conscience des hommes est en eux une révélation perpétuelle, et leur raison un fait inaltérable (d). » — C'est à la *conscience* et à la *raison* de nos contemporains, de quelque classe qu'ils soient et quelque puissent être leurs opinions, que nous déférons le jugement à porter entre les *constitutionnels* et les *ultra-royalistes*.

46. « Les amis de la liberté respectent l'opinion, desirent la publicité, cherchent partout l'appui sin-

---

(a) Tom. III, pag. 39.
(b) Tom. I, pag. 333.
(c) Tom. I, pag. 419.
(d) Tom. III, pag. 15.

cère et libre du vœu national (a). » — Voilà notre profession de foi.

47. « Les hommes, en révolution, ont souvent plus à craindre de leurs succès que de leurs revers (b). » — Cette vérité s'appliquerait sur-tout aux ultra-royalistes, s'ils obtenaient un triomphe momentané. Le gouvernement l'a éprouvé, en 1815.

48. « En tâchant d'opérer le retour des anciennes institutions, c'est-à-dire, en voulant faire reculer la raison humaine, on enflamme toutes les passions populaires (c). » — C'est la maladresse habituelle des rédacteurs de la *Note secrète* et de leurs partisans.

49. « De si indiscrètes prétentions exposent le trône encore plus qu'elles ne menacent les droits de la nation (d). »

50. « De tous les jougs, le plus impossible à rétablir, c'est l'ancien ; et l'on doit, avant tout, se garder de ce qui le rappelle (e). » — Les ultra-royalistes conviennent aussi que les anciennes institutions sont *irréparables*; que l'ancien régime est détruit ; que la *poussière même en est dispersée* (1). Puis, leurs *antécédens*, leurs *souvenirs*, leurs *intérêts*, leurs *passions* les font dévier de ces vérités qu'ils ont eux-mêmes établies, et les entraînent dans une direction toute contraire. Les *sentimens se-*

(a) Tom. II, pag. 416.
(b) Tom. II, pag. 31.
(c) Tom. II, pag. 43.
(d) Tom. III, pag. 59.
(e) Tom. III, pag. 63.
(1) Note secrète, pag. 29.

crets, qui leur échappent à leur insu, et les *doctrines publiques* qu'ils adoptent avec une répugnance marquée, sont dans une continuelle opposition. Quelle confiance pourrait-on accorder à des esprits si mobiles, à des hommes si peu d'accord avec eux-mêmes ?

51. « Il n'y a que les personnes éclairées par des études sincères et suivies, qui puissent avoir des idées vraies sur le gouvernement des peuples (a). » — Avant d'écrire la *Note secrète*, avez-vous nourri votre esprit par ces *études sincères et suivies*, qui autorisent à présenter avec quelque confiance des vérités courageuses aux Puissances de la terre ?

52. « M. Fox se plaignait, et avec raison, de ce que l'on confondait sans cesse les amis de la liberté avec ceux qui l'ont souillée (b). » — Les rédacteurs de la *Note* confondent toujours les deux classes d'hommes les plus opposées de sentimens et de principes : les auteurs de violences criminelles et d'atrocités révoltantes, qui n'ont fait du mot de *liberté* qu'un instrument de leurs passions furieuses, et les hommes honorables qui, proscrits au nom même de la liberté, n'ont cessé de servir la noble cause pour laquelle ils avaient éprouvé tant d'injustices, de persécutions et de malheurs. Nous rappellerons aux ultra-royalistes cette maxime libérale, professée par un de leurs plus intrépides amis : « *Alliance avec les honnêtes gens de toutes les opinions* (1). »

___

(a) Tom. II, pag. 247.
(b) Tom. II, pag. 101.

(1) REMARQUES SUR LES AFFAIRES DU MOMENT, par M. de Chateaubriand; page 30. — L'auteur, qui désavoue la NOTE SECRÈTE pour son propre compte, mais qui entreprend de la défendre, « se dé-

53. « Le vœu général a toujours été de fonder des institutions sages et libres, de se débarrasser des hommes qui avaient gouverné, pendant le règne du sang (a). » — Tous les hommes de bon sens, tous les hommes de bien, ont formé le même vœu, à toutes les époques. On repousse également les bourreaux de 93, et les assassins du midi, en 1815 et 1816, ou les hommes de parti qui veulent les protéger.

54. « Tous les hommes capables de réflexion savent que le jacobinisme ne peut renaître en France (b). » — Vérité de fait. Les jacobins, dont on nous fait peur, en 1818, sont des fantômes. Le règne du jacobinisme ou de la terreur est trop généralement, trop franchement exécré par la France entière, par la plupart de ceux même qui ont occupé des fonctions sous ce régime, et qui ont été souvent mal à propos confondus avec les véritables auteurs des excès et des crimes commis; enfin, par tous ceux qu'on accuse calomnieusement, dans certaines biographies, d'y avoir participé.

55. « Qu'on se garde de confondre les principes de la révolution avec ceux du régime impérial, et d'appeler *bonapartistes* ceux qui soutiennent les principes de la liberté en France (c). » — Les vrais principes de la révo-

---

mande comment les ennemis des royalistes (lisez des ULTRA-ROYALISTES) ont fait la sottise d'imprimer une NOTE qui justifie complètement ceux qu'ils prétendaient accuser ». — N'est-il pas évident, au contraire, que la NOTE suffit pour accuser ceux dont le noble pair se proclame le défenseur ?

(a) Tom. II, pag. 146.
(b) Tom. II, pag. 244.
(c) Tom. III, pages 152 et 154.

lution sont ceux de la *monarchie constitutionnelle* et de la *Charte;* les principes du *régime impérial* sont ceux du *despotisme absolu* et des *ultra-royalistes*. Donc, ceux-ci ont des droits beaucoup plus légitimes au titre de *bonapartistes,* ou de *partisans du système suivi par Bonaparte,* que les hommes appelés *libéraux,* ou *partisans du gouvernement représentatif* et de la liberté réglée par les lois.

56. « Du moment où la cause de la révolution parut compromise, ceux qui la défendaient eurent pour eux le peuple et l'armée, les faubourgs et les soldats (a). » — La cause de la révolution, de ses véritables principes qui n'ont rien de commun avec les crimes dont elle a été souillée, est essentiellement populaire et nationale. Vérité importante, oubliée par les *ultra-royalistes*, et dont l'oubli pourrait entraîner pour eux les plus fâcheuses conséquences.

57. « L'intérêt personnel prenait la place de l'amour de la patrie, et l'attachement à un système l'emportait sur le dévouement à la liberté (b). » — N'est-ce pas aujourd'hui la maladie politique de quelques hommes qui croient peut-être, et qui voudraient faire croire qu'ils ont un *système* et qu'ils forment un *parti*?

58. « La république était, aux yeux de Bonaparte, un moyen et non un but (c). » — N'en est-il pas de même de la monarchie pour les ultra-royalistes?

59. « Bonaparte a exploité la France pour son pro-

(a) Tom. II, pag. 154.
(b) Tom. II, pag. 173.
(c) Tom. II, pag. 175.

pre compte (a). » — C'est aussi la spéculation des hommes qui adressent une pétition mystérieuse aux cours alliées, afin d'obtenir, par leur influence, les premiers emplois de l'administration publique pour eux et pour leurs amis.

60. « Il manquait à Bonaparte ce respect pour les hommes, et ce sentiment du devoir, sans lesquels rien de grand n'est durable (b). » — Analogie remarquable, ou plutôt parfaite identité de caractère et d'immoralité entre Bonaparte et ces hommes qui voudraient proscrire, comme *révolutionnaires*, ou comme *bonapartistes*, les amis de la liberté !

61. « Si Bonaparte n'avait pas énervé l'esprit public, en introduisant le goût de l'argent et des honneurs, nous aurions vu sortir des miracles du caractère intrépide et persévérant de quelques-uns des hommes de la révolution (c). » — Quelques-uns de ces hommes, simples et purs, modestes et fiers, long-temps méconnus, calomniés, étouffés, dont la force de caractère est aussi une puissance, ont survécu à ce régime qui avait pour principe de détruire dans toutes les ames l'énergie et la vertu.

62. « Bonaparte est l'enfant de la révolution. Oui, sans doute; mais un enfant parricide (d). » — Ils sont aussi les enfans de la monarchie, mais des enfans parricides, ceux dont les aveugles fureurs tendent à compromettre ses grands intérêts liés à la tranquillité de

---

(a) Tom. II, pag. 243.
(b) Tom. II, pag. 355.
(c) Tom. III, pag. 163.
(d) Tom. II, pag. 384.

la France et de l'Europe, pour satisfaire leurs petites passions.

63. « La force de la révolution, dont il avait hérité, était immense, parce qu'elle se composait de la volonté des Français et du vœu secret des autres nations (a). » — Cette force des principes de la révolution est toujours la même. Songez-y mûrement, vous qui la combattez.

64. « Bonaparte lui-même, ce grand professeur de despotisme en Europe, a cependant reconnu et déclaré que « des hommes (des Français) ne peuvent pas exister maintenant sans droits politiques (b) ». — Hommage involontaire, que son instinct de tyrannie n'a pu l'empêcher de rendre à la puissance de l'opinion !

65. « L'on ne saurait se passer de l'opinion des hommes pour les gouverner (c)...... Ce qui rend *l'opinion publique* une si belle chose, c'est qu'elle a de la finesse et de la force tout ensemble ; elle se compose des aperçus de chacun et de l'ascendant de tous (d) ». — Les auteurs de la *Note* paraissent aussi vouloir reconnaître cette puissance de l'opinion. Mais, c'est à l'opinion et aux préjugés invétérés de leur caste ou de leur coterie qu'ils ont toujours besoin de sacrifier. Ils substituent leur idole au vrai Dieu.

66. « La publicité est toujours favorable à la vérité ; et, comme la morale et la religion (j'ajouterai la *politique* comprise dans son acception la plus complète et la

---

(a) Tom. II, pag. 394.
(b) Tom. II, pag. 208.
(c) Tom. II, pag. 362.
(d) Tom. I, pag. 126.

plus élevée) sont la vérité par excellence : plus vous permettez aux hommes de discuter ces sujets, plus ils s'éclairent et s'ennoblissent (a)».—Combien cette doctrine libérale de la publicité, sauve-garde de l'autorité constitutionnelle du Roi et de la liberté du peuple, est opposée à cette doctrine ténébreuse des *mystères du pouvoir*, par laquelle les partisans de l'oligarchie voudraient protéger les abus et les exploiter pour leur compte ! Recueillons ici les motifs allégués dans la *Note secrète*, pour faire placer au ministère des hommes qui *possèdent la confiance* ou *le secret* de leur parti. « Les principes qui lient un parti sont dans son intérêt, dans ses habitudes, dans ses affections, dans tous ses sentimens ; et il faut tout cela pour se trouver d'accord dans tous les temps et dans toutes les circonstances. Ceux qui n'auraient pas traversé les mêmes antécédens, épousé les mêmes intérêts, ne pourraient, avec la meilleure volonté, avec la plus grande franchise, posséder cette *conscience* d'un parti qui seule peut éclairer dans l'application journalière de ses principes ; *ils n'en sauraient pas les doctrines et les moyens, et seraient sans cesse obligés de consulter ceux qui les connaissent* (1) ». — Pourquoi cette espèce d'initiation des ministres du Roi à des *doctrines cachées* qui seraient *celles d'un parti?*... C'est une application franche et publique, sans aucune arrière-pensée, des principes constitutionnels énoncés dans la Charte, qui doit caractériser la marche du ministère. Il ne faut point consulter *en secret* un parti, mais obéir à la volonté du Roi, à l'opinion natio-

---

(a) Tom. III, pag. 259.
(1) Note secrète, pages, 42 et 43.

nale, à sa propre conscience et à sa raison pour suivre cette marche.

67. « On ne peut arriver à un grand pouvoir (et le maintenir) qu'en mettant à profit la tendance de son siècle (a) ». — Et ces hommes des anciens temps méconnaissent et combattent les opinions dominantes parmi leurs contemporains. Ils veulent néanmoins arriver au pouvoir, et ils espèrent s'y maintenir !

68. « Il y avait eu, parmi les hommes supérieurs du dix-huitième siècle, en France, un superbe enthousiasme pour les principes qui fondent le bonheur et la dignité de l'espèce humaine (b) ». — Ce germe fécond n'a point péri dans les ames généreuses. Il se développe avec une activité plus noble et plus pure dans la génération qui s'élève.

69. « Bonaparte ne pouvait établir et conserver un pouvoir absolu, qu'en étourdissant le raisonnement... Les despotes trouvent toujours les penseurs de trop dans leurs affaires (c)... » En effet, « de quelque objet qu'ils s'occupent, les penseurs s'accordent toujours sur la dignité de l'espèce homaine (d)... Il y a intention de despotisme, toutes les fois qu'on veut interdire aux hommes l'usage de la raison que Dieu leur a donnée...Il n'y a que les lumières et la justice dont on n'ait rien à craindre dans aucun parti (e) ». — Les auteurs de la

---

(a) Tom. II, pag. 262.
(b) Tom. II, pag. 263.
(c) Tom. II, pages 266 et 296.
(d) Tom. III, pag. 180.
(e) Tom. II, pag. 360.

Note, qui craignent aussi les métaphysiciens et les *penseurs*, et qui ont des *intentions de despotisme*, veulent « poser le trône et la monarchie sur des bases inébranlables... en repoussant la révolution dans quelques *abstractions méprisées*...., en substituant des *principes simples, positifs, certains...* aux théories de la révolution, aux *manies métaphysiques*, et aux *hérésies politiques qui embrouillent toutes les idées* (1). » — Ne cessons point de répéter que toutes les théories raisonsonnables de la révolution sont fondues et réalisées dans notre Charte constitutionnelle ; que cette Charte, qui réduit, soit en principes et en dogmes simples, clairs, accessibles à toutes les intelligences, soit en régles positives d'une facile application, les devoirs et les droits des gouvernans et des gouvernés, ne peut plus être appelée une *abstraction*. Ce nom conviendrait mieux à certains *mots d'ordre* que les partis adoptent comme points de ralliement.

70. « Rien n'est plus funeste, dans un temps de crise, que ces mots d'ordre qui dispensent la plupart des hommes de raisonner (a). Ces *mots d'ordre* de l'esprit de parti sont les signes indubitables de la médiocrité (b). » — La nation ne veut plus se rattacher à des mots ni à des individus, mais au fond même des choses, aux principes et aux institutions que sa conscience et sa raison réclament. La politique ou la science sociale doit, comme les autres sciences, abandonner les théo-

---

(1) Note secrète, pag. 47.
(a) Tom. III, pag. 43.
(b) Tom. III, pag. 331.

ries vagues et l'esprit de système, pour s'appuyer sur les faits, sur les résultats.

71. « L'enthousiasme pour un homme, quel qu'il soit, est nécessairement variable ; l'amour seul de la patrie et de la liberté ne peut changer, parce qu'il est désintéressé dans son principe (a). » — Quel serait le principe des hommes qui ne savent que s'aimer eux-mêmes ?

72. « ... Ce crédit disparaîtrait sous la griffe du pouvoir ; ces capitaux s'enfonceraient dans la terre, s'ils étaient foulés aux pieds d'un despote ; et ces entreprises commerciales seraient sans vigueur en présence d'un gouvernement arbitraire (b). » — Voilà où nous conduiraient ces hommes qui ont l'étrange prétention de devenir ministres du Roi, malgré lui et malgré nous.

73. Si les projets insensés des nouveaux révolutionnaires pouvaient réussir, alors s'appliqueraient à nous ces paroles de madame de Staël : « Nous allons devenir la honte des nations libres, et le jouet de celles qui ne le sont pas (c). »

74. « Rien ne dispose moins à la piété que d'employer la religion pour un autre objet qu'elle-même... Les nations n'ont de piété sincère que dans les pays où la doctrine de l'église n'a point de rapport avec les dogmes politiques (d). » — Ce ne sont point des mission-

---

(a) Tom. II, pag. 354.
(b) Tom. II, pag. 269.
(c) Tom. II, pag. 277.
(d) Tom. II, pag. 278 et 280.

naires fanatiques, réveillant les souvenirs des passions haineuses et prêchant l'intolérance, divisant les familles, excitant, à l'ombre du tribunal de la pénitence, les femmes et les enfans contre leurs maris et contre leurs pères, acquéreurs de biens nationaux, ou anciens défenseurs de la patrie, qui peuvent soumettre les Français au joug des principes moraux et religieux.... Il faudrait d'ailleurs bien s'entendre sur l'essence de ces principes, si cruellement outragés par ceux qui les proclament, par les assassins des protestans dans le midi, par ces prédicateurs incendiaires qui parcourent nos départemens. Ces principes conservateurs n'ont point pour garanties de simples formes extérieures ou de vaines protestations, mais des sentimens profondément gravés dans les ames, des habitudes et des actions conformes à ce qui est prescrit par la véritable charité chrétienne, et inspiré par l'amour de l'ordre et des lois.... « Le jour où l'on cessera de réunir ce que Dieu a séparé, la religion et la politique, le clergé aura moins de crédit et de puissance ; mais la nation sera sincèrement religieuse (a). »

75. « La morale et la liberté sont aussi sûrement les seules bases du bonheur et de la dignité de l'espèce humaine, que le système de Galilée est la véritable théorie des mouvemens célestes (b). » — Les chevaliers de l'antique monarchie, parlent de *religion*, sans la comprendre, ou plutôt n'entendent parler que du *clergé* qu'ils appellent un élément essentiel de la *force*

(a) Tom. III, pag. 361.
(b) Tom. II, pag. 322.

des royalistes (1). Ils dédaignent des bases aussi communes et aussi populaires que la morale et la liberté; mais ils veulent *du pouvoir*, et ils proclament, avec une pompe de style emphatique et orientale, « qu'un gouvernement sans pouvoir est un édifice sans base qui s'écroule de lui-même, et couvre de ses débris la terre qui le portait (2). »

72. « La politique est sacrée, parce qu'elle renferme tous les mobiles qui agissent sur les hommes en masse, et les rapprochent ou les éloignent de la vertu (a). » —Elle est profanée, comme la religion, par les hommes égoïstes et corrompus qui veulent la soumettre à leurs calculs personnels. Il faut rappeler la religion et la politique à leur destination primitive, et les faire servir au bonheur et à la dignité des nations.

77. « Il y a des vérités morales dans lesquelles il faut être né, et le battement du cœur vous les apprend mieux que toutes les discussions théoriques (b). » — Soyons donc indulgens pour les auteurs de la *Note secrète*. S'ils sont nés aveugles et sourds, si leur cœur ne bat point pour les grandes vérités morales, plaignons-les sans les condamner. La douce influence de ces vérités finira peut-être par s'insinuer dans leurs ames; elle détruira les préjugés de l'antique monarchie féodale, dont leurs esprits sont imbus depuis l'enfance; qu'ils ont nourris dans l'émigration, auxquels

---

(1) NOTE SECRÈTE, fin de la page 46, et page 47.
(2) Voy. pag. 39 de la Note secrète.
(a) Tom. III, pag. 164.
(b) Tom. III, pag. 296.

ils tiennent d'autant plus fortement qu'ils ont plus souffert pour les défendre. Quand ils verront leur patrie paisible et heureuse par les bienfaits du régime constitutionnel, ce tableau du bonheur public ne les trouvera point froids et insensibles. Eux aussi sont les fils de la France ; et le sentiment contagieux de l'amour de la patrie les ramènera parmi nous.

78. « Il faut quelque chose de grand pour remuer les masses (a). » — Qu'y a-t-il de grand dans les vues et dans les intrigues des ultra-royalistes, adversaires impuissans et obstinés du régime constitutionnel? Leur système d'opposition manque de base ; la force des choses doit les réunir tôt ou tard à la grande famille des Français.

79. « Les masses sont tout aujourd'hui, les individus, peu de chose......... Substituez à des petitesses de grands intérêts nationaux...... (b) » — Pourquoi voulez-vous voir toujours des *partis*, en France, au lieu de considérer la patrie, d'embrasser dans votre pensée la monarchie et la nation, dont les intérêts sont absolument les mêmes ? ...... Et, « si le sacrifice de quelques intérêts particuliers est souvent nécessaire, comme vous en convenez, à une *sage conciliation des intérêts généraux* (1), » qui doit raisonnablement supporter ce sacrifice?........ l'immense majorité qui compose le fond de la nation, ou l'infiniment petit nombre des individus privilégiés ?...... — « Les nations ne peuvent avoir tort :

(a) Tom. II, pag. 337.
(b) Tom. III, pag. 82 et 103.
(1) Note secrète, pag. 42.

jamais un principe pervers n'agit long-temps sur la masse ; les hommes ne sont mauvais qu'un à un (a). »

80. « M. Necker croyait nécessaire d'assurer aux Français des *lumières* et de *l'aisance*, deux bienfaits inséparables (b). » — Les ultra-royalistes nous ont donné leur profession de foi. Ils voient avec peine les *lumières trop répandues, les propriétés trop partagées* (1). Ils s'affligent du *triomphe des lumières*, qui, suivant madame de Staël, « a toujours été favorable à la grandeur et à l'amélioration de l'espèce humaine (c). »

81. « M. Necker croyait que la France gouvernée par la sagesse d'une véritable représentation nationale, et non par les intrigues des courtisans, n'avait, au milieu de l'Europe, rien à desirer ni à craindre (d). — Les courtisans ultra-royalistes veulent substituer leurs intrigues à l'influence d'une véritable représentation nationale. Ils croient que le gouvernement de France doit desirer et solliciter l'intervention de l'Europe dans ses affaires intérieures. Ils craignent, pour lui, l'habitude que paraît prendre la nation de *s'intéresser aux actions du gouvernement, de les discuter, de les juger* (2). Sans doute, ils ne croient point faire partie de la nation, puisqu'ils usent si librement de cette faculté dont ils voudraient la priver.

82. « Le travail et la pensée tiennent le premier

(a) Tom. II, pag. 410.
(b) Tom. II, pag. 320.
(1) Note secrète, pag. 26.
(c) Tom. I, pag. 2.
(d) Tom. II, pag. 321.
(2) Note secrète, pag. 26.

rang chez les Anglais (a). » — Peut-on assigner, chez nous, le premier rang à des hommes trop fidèles à leur antique noblesse pour se dégrader par les habitudes roturières du travail et de la pensée?

83. « La considération publique, en Angleterre, est le premier but des hommes en pouvoir (b). » — La protection des étrangers et l'envahissement du ministère : voilà le premier but des auteurs de la *Note secrète*.

84. « L'opinion publique peut être considérée, en Angleterre, comme la conscience de l'État (c). » — Les ultra-royalistes, méprisant et calomniant l'opinion dominante parmi leurs concitoyens, présentent cette opinion comme *révolutionnaire ;* ce qui veut dire, dans leur langage, subversive de l'ordre et de la tranquillité. Les monarques alliés sauront mieux apprécier le véritable sentiment national qui anime les Français ; le besoin d'un gouvernement régulier, de la liberté, de la paix.

85. « Il était encore temps de tourner l'activité française vers les intérêts politiques et commerciaux (d). » — Cette observation convient à notre situation et à notre époque. D'autres gouvernemens ont chèrement expié le tort grave de l'avoir méconnue et rejetée.

86. « Le seul intérêt de l'Helvétie (et nous appliquons ces paroles à notre France) est d'être pacifique, indépendante et fière (e). »

(a) Tom. III, pag. 245.
(b) Tom. III, pag. 253.
(c) Tom. III, pag. 243.
(d) Tom. II, pag. 163.
(e) Tom. II, pag 213.

87. « La nation française ne sera jamais sincèrement tranquille, que quand elle aura assuré le but de ses efforts, la monarchie constitutionnelle (a) ». — Et les rois étrangers ont reconnu que la tranquillité de la France importe essentiellement à celle de l'Europe.

88. « Après une révolution, telle que celle de la France, la monarchie constitutionnelle est la seule paix, le seul traité de Westphalie, pour ainsi dire, que l'on puisse conclure entre les lumières actuelles et les intérêts héréditaires; entre la nation presque entière et les privilégiés appuyés par les puissances européennes (b). » — Ces puissances, éclairées sur leurs véritables intérêts, ne protégeront point une faible minorité de privilégiés contre la masse nationale et contre le Roi. On ne veut point les opprimer; mais on ne veut pas souffrir qu'ils redeviennent oppresseurs.

89. « L'assujétissement de la France même est contraire à la sûreté des États du nord (c). » — Nous ajouterons : à celle de tous les États de l'Europe; car les nations et les gouvernemens, qui composent la grande famille européenne, ont un intérêt commun : l'indépendance de chaque nation dans sa sphère de territoire et d'activité; la communication libre et paisible des produits du travail et de la pensée entre les individus des différentes nations.

90. « La question qui agite aujourd'hui le monde civilisé, consiste dans l'application de toutes les vérités

---

(a) Tom. III, pag. 309.
(b) Tom. III, pag. 332.
(c) Tom. III, pag. 39.

fondamentales sur lesquelles repose l'ordre social (a). »
— Les questions agitées dans la *Note secrète* « se réduisent à quelques misérables prétentions déçues, et à quelques ambitions trompées (1). »

91. « Les hommes éclairés sont toujours contemporains des siècles futurs par leurs pensées (b). » — Les hommes qui s'obstinent à vivre des souvenirs du passé, ne savent pas même s'élever jusqu'à leur siècle.

92. « Le temps seul est l'allié tout puissant de la justice (c). » — Noble motif d'espérance pour les amis éclairés des principes constitutionnels et des progrès de la civilisation !

(a) Tom. III, pag. 357.
(1) Note secrète, pag. 44 et pag. 37.
(b) Tom. I, pag. 2.
(c) Tom. II, pag. 215.

FIN.

IMPRIMERIE DE BAUDOUIN, FILS,
RUE DE VAUGIRARD, N. 36, PRÈS LA CHAMBRE DES PAIRS.

www.ingramcontent.com/pod-product-compliance
Lightning Source LLC
Chambersburg PA
CBHW060502050426
42451CB00009B/777